Il mio libro illustrato bilingue

Το δίγλωσσο εικονογραφημένο βιβλίο μου

Le più belle storie per bambini di Sefa in un unico volume

Ulrich Renz • Barbara Brinkmann:

Dormi bene, piccolo lupo · Όνειρα γλυκά, μικρέ λύκε

Per bambini dai 2 anni in su

Cornelia Haas • Ulrich Renz:

Il mio più bel sogno · Το πιο γλυκό μου όνειρο

Per bambini dai 2 anni in su

Ulrich Renz • Marc Robitzky:

I cigni selvatici · Οι Άγριοι Κύκνοι

Tratto da una fiaba di Hans Christian Andersen

Per bambini dai 5 anni in su

© 2024 by Sefa Verlag Kirsten Bödeker, Lübeck, Germany. www.sefa-verlag.de

Special thanks to Paul Bödeker, Freiburg, Germany

All rights reserved.

ISBN: 9783756304998

Leggere · ascoltare · capire

Dormi bene, piccolo lupo
Όνειρα γλυκά, μικρέ λύκε

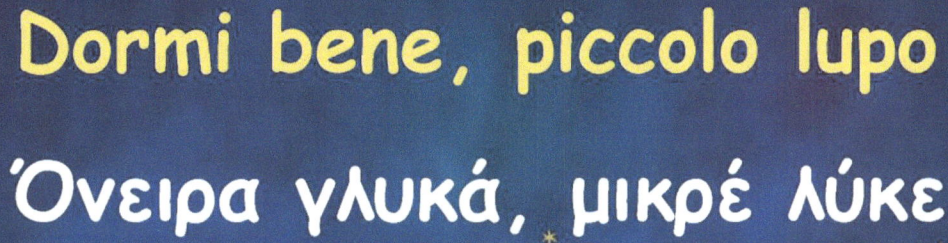

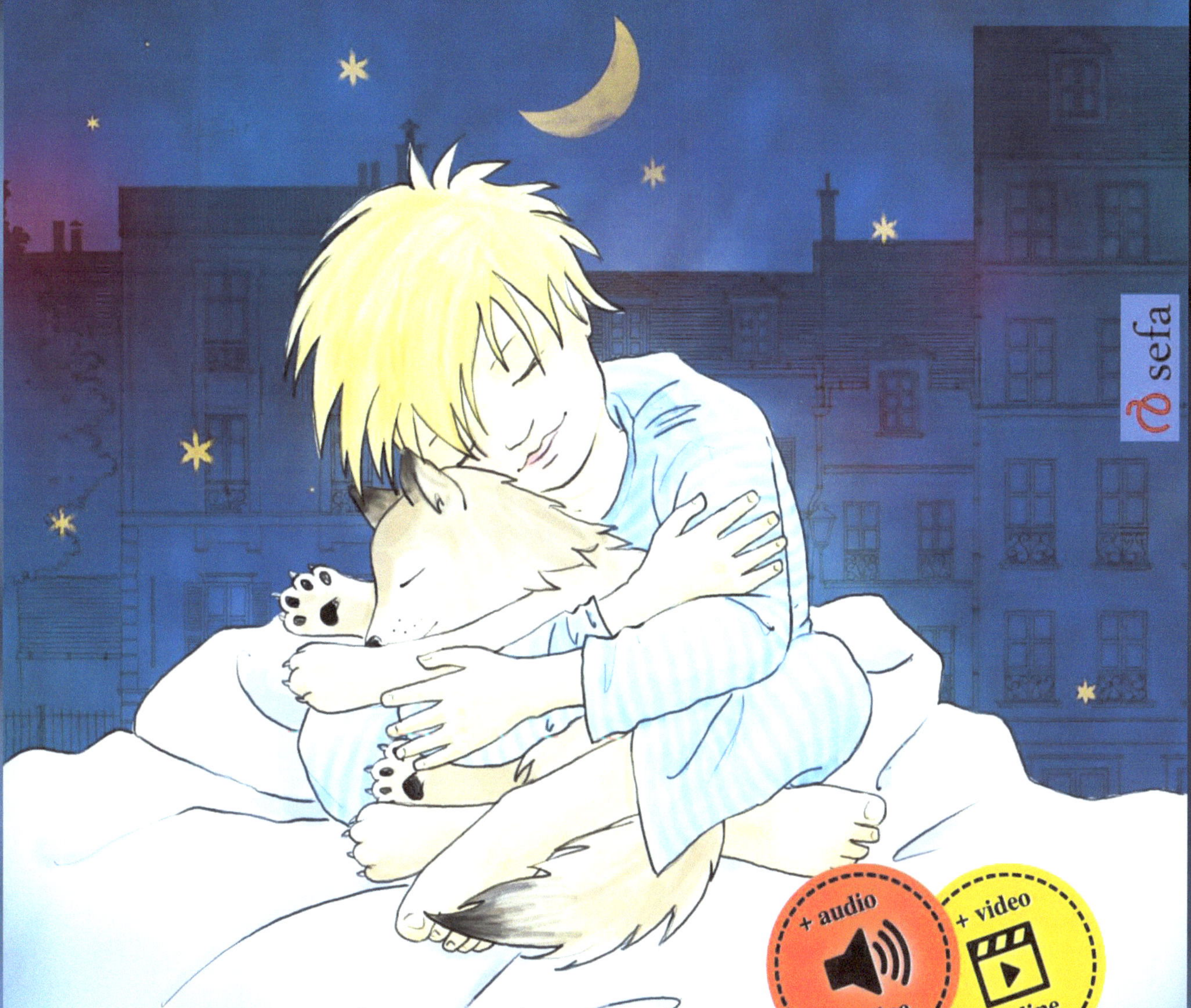

Ulrich Renz / Barbara Brinkmann

italiano — bilingue — greco

Traduzione:

Margherita Haase (italiano)

Evangelos Papantoniou (greco)

Audiolibro e video:

www.sefa-bilingual.com/bonus

Accesso gratuito con la password:

`italiano:` **LWIT1829**

`greco:` **LWEL1421**

Buona notte, Tim! Domani continuiamo a cercare.
Adesso però dormi bene!

Καληνύχτα Tim! Θα συνεχίσουμε να ψάχνουμε αύριο.
Τώρα κοιμήσου, όνειρα γλυκά!

Fuori è già buio.

Είναι ήδη σκοτεινά έξω.

Ma cosa fa Tim?

Τι κάνει ο Tim εκεί;

Va al parco giochi.
Che cosa sta cercando?

Πάει στην παιδική χαρά.
Τι ψάχνει εκεί;

Il piccolo lupo.

Senza di lui non riesce a dormire.

Το μικρό λύκο!

Δεν μπορεί να κοιμηθεί χωρίς αυτόν.

Ma chi sta arrivando?

Ποιος είναι αυτός που έρχεται;

Marie! Lei sta cercando la sua palla.

Η Marie! Ψάχνει την μπάλα της.

E Tobi cosa cerca?

Και τι ψάχνει ο Tobi;

La sua ruspa.

Τον εκσκαφέα του.

E cosa cerca Nala?

Και τι ψάχνει η Nala;

La sua bambola.

Την κούκλα της.

Ma i bambini non devono andare a letto?
Il gatto si meraviglia.

Δεν πρέπει τα παιδιά να πάνε στο κρεβάτι τους;
Αναρωτιέται η γάτα.

E adesso chi sta arrivando?

Ποιος έρχεται τώρα;

La mamma e il papà di Tim.
Senza il loro Tim non riescono a dormire.

Η μαμά και ο μπαμπάς του Tim!
Δεν μπορούν να κοιμηθούν χωρίς τον Tim τους.

Ed ecco che arrivano anche altri!

Il papà di Marie. Il nonno di Tobi. E la mamma di Nala.

Ακόμα περισσότεροι έρχονται! Ο μπαμπάς της Marie.
Ο παππούς του Tobi. Και η μαμά της Nala.

Ma adesso svelti a letto!

Αλλά τώρα γρήγορα στο κρεβάτι!

Buona notte, Tim!
Domani non dobbiamo più cercare.

Καληνύχτα Tim!
Αύριο δεν θα χρειαστεί να συνεχίσουμε να ψάχνουμε.

Dormi bene, piccolo lupo!

Όνειρα γλυκά, μικρέ λύκε!

Cornelia Haas • Ulrich Renz

Il mio più bel sogno

Το πιο γλυκό μου όνειρο

Traduzione:

Clara Galeati (italiano)

Χρυσή Αργυριάδου-Χέρμανν (greco)

Audiolibro e video:

www.sefa-bilingual.com/bonus

Accesso gratuito con la password:

italiano: `BDIT1829`

greco: `BDEL1421`

Il mio più bel sogno
Το πιο γλυκό μου όνειρο

Cornelia Haas · Ulrich Renz

italiano — bilingue — greco

Lulù non riesce ad addormentarsi. Tutti gli altri stanno già sognando – lo squalo, l'elefante, il topolino, il drago, il canguro, il cavaliere, la scimmia, il pilota. E il leoncino. Anche all'orso stanno crollando gli occhi …

Ehi orso, mi porti con te nel tuo sogno?

Η Λουλού δεν μπορεί να κοιμηθεί. Όλοι οι άλλοι ήδη κοιμούνται κι ονειρεύονται – ο καρχαρίας, ο ελέφαντας, το μικρό το ποντικάκι, ο δράκος, το καγκουρώ, ο ιππότης, το πιθηκάκι, ο πιλότος. Ακόμη και το μικρούλι λιονταράκι κοιμάται. Η αρκούδα κι αυτή νυστάζει …

Καλή μου αρκουδίτσα μπορείς να με πάρεις μαζί σου στο ταξίδι των ονείρων σου;

E così Lulù è già nel paese dei sogni degli orsi. L'orso cattura pesci nel lago Tagayumi. E Lulù si chiede chi potrebbe mai vivere là su quegli alberi? Quando il sogno è finito, Lulù vuole provare qualcos'altro. Vieni, andiamo a trovare lo squalo! Che cosa starà sognando?

Κι αμέσως η Λουλού βρίσκεται στον ονειρεμένο κόσμο των αρκούδων. Η αρκούδα πιάνει ψάρια στη λίμνη Ταγκαγιούμι. Η Λουλού αναρωτιέται, ποιος άραγε να ζει εκεί ψηλά στα δέντρα;
Όταν όμως τελειώνει το όνειρο, η Λουλού θέλει να ζήσει κι άλλες περιπέτειες. Έλα μαζί μας, να επισκεφθούμε τον καρχαρία. Άραγε τι όνειρο να βλέπει αυτός;

Lo squalo sta giocando ad acchiapparella con i pesci. Finalmente ha degli amici! Nessuno ha paura dei suoi denti aguzzi.
Quando il sogno è finito, Lulù vuole provare qualcos'altro. Venite, andiamo a trovare l'elefante! Che cosa starà sognando?

Ο καρχαρίας παίζει με τα ψάρια κυνηγητό. Επιτέλους έχει τώρα κι αυτός φίλους! Κανείς δεν φοβάται τα μυτερά του δόντια.
Όταν όμως το όνειρο τελειώνει, η Λουλού θέλει να ζήσει κι άλλες περιπέτειες. Ελάτε μαζί μας, να επισκεφθούμε τον ελέφαντα! Άραγε τι όνειρο να βλέπει αυτός;

L'elefante è leggero come una piuma e può volare! Sta per atterrare sul prato celeste.

Quando il sogno è finito, Lulù vuole provare qualcos'altro. Venite, andiamo a trovare il topolino! Che cosa starà sognando?

Ο ελέφαντας είναι τόσο ελαφρύς σαν φτερό που μπορεί ακόμα και να πετάξει! Δεν αργεί να προσγειωθεί στο ουράνιο λιβάδι.
Όταν όμως το όνειρο τελειώνει, η Λουλού θέλει να ζήσει κι άλλες περιπέτειες. Ελάτε μαζί μας, να επισκεφθούμε το μικρό ποντικάκι. Άραγε τι όνειρο να βλέπει αυτό;

Il topolino sta guardando la fiera. Gli piacciono particolarmente le montagne russe.
Quando il sogno è finito, Lulù vuole provare qualcos'altro. Venite, andiamo a trovare il drago! Che cosa starà sognando?

Το μικρό ποντικάκι κάνει βόλτα στο λούνα παρκ. Απ' όλα αυτά που βλέπει το τρενάκι του τρόμου του αρέσει περισσότερο.
Όταν όμως το όνειρο τελειώνει, η Λουλού θέλει να ζήσει κι άλλες περιπέτειες. Ελάτε μαζί μας, να επισκεφθούμε τον δράκο. Άραγε τι όνειρο να βλέπει αυτός;

Il drago, a furia di sputare fuoco, ha sete. Gli piacerebbe bersi l'intero lago di limonata.

Quando il sogno è finito, Lulù vuole provare qualcos'altro. Venite, andiamo a trovare il canguro! Che cosa starà sognando?

Έχοντας φτύσει πολλές φωτιές, ο δράκος διψάει. Θα ήθελε τόσο πολύ να πιει όλη τη λίμνη λεμονάδας.
Όταν όμως το όνειρο τελειώνει, η Λουλού θέλει να ζήσει κι άλλες περιπέτειες. Ελάτε μαζί μας, να επισκεφθούμε το καγκουρώ. Άραγε τι όνειρο να βλέπει αυτό;

Il canguro sta saltando nella fabbrica di dolciumi e si riempe il marsupio.
Ancora caramelle blu! E ancora lecca-lecca! E cioccolata!
Quando il sogno è finito, Lulù vuole provare qualcos'altro. Venite, andiamo a trovare il cavaliere! Che cosa starà sognando?

Το καγκουρώ πάει πηδώντας σ' όλα τα μέρη του εργοστασίου με τα ζαχαρωτά και γεμίζει τον σάκο του. Απίστευτο κι άλλες μπλε καραμέλες, περισσότερα γλειφιτζούρια κι άλλη σοκολάτα!
Όταν όμως το όνειρο τελειώνει, η Λουλού θέλει να ζήσει κι άλλες περιπέτειες. Ελάτε μαζί μας, να επισκεφθούμε τον ιππότη. Άραγε τι όνειρο να βλέπει αυτός;

Il cavaliere sta facendo una battaglia di torte con la principessa dei suoi sogni. Oh! La torta alla panna va nella direzione sbagliata!
Quando il sogno è finito, Lulù vuole provare qualcos'altro. Venite, andiamo a trovare la scimmia! Che cosa starà sognando?

Ο ιππότης παίζει τουρτοπόλεμο με την πριγκίπισσα των ονείρων του. Αλλά δεν την πετυχαίνει με την τούρτα κρέμας!
Όταν όμως το όνειρο τελειώνει, η Λουλού θέλει να ζήσει κι άλλες περιπέτειες. Ελάτε μαζί μας, να επισκεφθούμε τον πίθηκα. Άραγε τι όνειρο να βλέπει αυτός;

Finalmente ha nevicato in Scimmialandia! L'intera combriccola di scimmie non sta più nella pelle e si comportano tutte come in una gabbia di matti. Quando il sogno è finito, Lulù vuole provare qualcos'altro. Venite, andiamo a trovare il pilota! In che sogno potrebbe essere atterrato?

Επιτέλους χιόνισε στη χώρα των πιθήκων! Η συμμορία των πιθήκων είναι κατενθουσιασμένη και ξετρελαίνεται κάνοντας απίστευτες χαζομάρες. Όταν όμως το όνειρο τελειώνει, η Λουλού θέλει να ζήσει κι άλλες περιπέτειες. Ελάτε μαζί μας, να επισκεφθούμε τον πιλότο. Άραγε σε ποιο όνειρο να βρίσκεται τώρα αυτός;

Il pilota vola e vola ancora. Fino ai confini della terra e ancora più lontano, fino alle stelle. Non ce l'ha fatta nessun altro pilota.
Quando il sogno è finito, sono già tutti molto stanchi e non vogliono più continuare a provare così tanto. Però il leoncino, vogliono ancora andare a trovarlo. Che cosa starà sognando?

Ο πιλότος πετάει χωρίς σταματημό. Μέχρι το τέλος του κόσμου και πιο μακριά μέχρι τ' αστέρια πετάει. Αυτό δεν το κατάφερε κανένας άλλος πιλότος μέχρι τώρα.

Όταν όμως το όνειρο τελειώνει, όλοι είναι πολύ κουρασμένοι και δεν θέλουν να ζήσουν άλλες περιπέτειες. Στο τέλος θέλουν όμως να επισκεφθούν και το μικρούλι λιονταράκι. Άραγε τι όνειρο να βλέπει αυτό;

Il leoncino ha nostalgia di casa e vuole tornare nel caldo, accogliente letto.
E gli altri pure.

E là inizia ...

Το μικρούλι λιονταράκι αισθάνεται μόνο του και θέλει πάρα πολύ να γυρίσει στο σπίτι του, να κουκουλωθεί στο ζεστό του κρεβατάκι.
Αυτό θέλουν να κάνουν κι όλοι οι άλλοι.

Τώρα αρχίζει ...

... il più bel sogno
di Lulù.

... το πιο γλυκό όνειρο της Λουλούς.

Ulrich Renz • Marc Robitzky

I cigni selvatici

Οι Άγριοι Κύκνοι

Traduzione:

Emanuele Cattani, Clara Galeati (italiano)

Χρυσή Αργυριάδου-Χέρμανν (greco)

Audiolibro e video:

www.sefa-bilingual.com/bonus

Accesso gratuito con la password:

italiano: **WSIT1829**

greco: **WSEL1421**

Ulrich Renz · Marc Robitzky

I cigni selvatici

Οι Άγριοι Κύκνοι

Tratto da una fiaba di

Hans Christian Andersen

italiano — bilingue — greco

C'erano una volta dodici figli di un re – undici fratelli ed una sorella più grande, Elisa. Vivevano felici in un bellissimo castello.

Μια φορά κι έναν καιρό ζούσαν δώδεκα αδέλφια, έντεκα αδελφοί και μια μεγάλη αδελφή, η Ελίζα. Ζούσαν όλοι ευτυχισμένοι σ΄ ένα πανέμορφο κάστρο.

Un giorno la madre morì, e poco tempo dopo il re si risposò. La nuova moglie però era una strega cattiva. Con un incantesimo, trasformò gli undici principi in cigni e li mandò molto lontano, in un Paese al di là della grande foresta.

Μια μέρα πέθανε η μητέρα τους, και λίγο αργότερα, ο βασιλιάς ξαναπαντρεύτηκε. Αλλά η καινούρια του γυναίκα ήταν μια κακή μάγισσα. Μεταμόρφωσε τους έντεκα πρίγκιπες σε κύκνους και τους έστειλε πολύ μακριά σε μια μακρινή χώρα πιο πέρα κι απ' το μεγάλο δάσος.

Vestì la ragazza di stracci e le spalmò sul volto un orribile unguento, tanto che nemmeno il padre riuscì più a riconoscerla e la cacciò dal castello. Elisa corse nella foresta tenebrosa.

Το κορίτσι το έντυσε με κουρέλια κι άλειψε το πρόσωπό του με μια απαίσια αλοιφή, έτσι ώστε ακόμη και ο ίδιος ο πατέρας του να μην μπορεί να το αναγνωρίσει και το έδιωξε από το κάστρο. Η Ελίζα κατέφυγε τρέχοντας στο σκοτεινό δάσος.

Ora era completamente sola, e desiderava con tutto il cuore rivedere i suoi fratelli scomparsi. Quando venne la sera, si fece un letto di muschio sotto un albero.

Τώρα ήταν εντελώς μόνη και λαχταρούσε μέσα από τα βάθη της ψυχής της να δει τους εξαφανισμένους αδελφούς της. Όταν βράδιασε, έκανε ένα κρεβάτι από βρύα κάτω από τα δέντρα.

La mattina dopo giunse ad un lago calmo, e rimase sconcertata nel vedere il proprio riflesso nell'acqua. Ma appena si pulì, divenne la più bella principessa sulla faccia della terra.

Το επόμενο πρωί έφτασε σε μια ήσυχη λίμνη και τρόμαξε όταν είδε τον εαυτό της να καθρεφτίζεται στην επιφάνεια της λίμνης. Αλλά αφού πλύθηκε, ήταν η πιο όμορφη βασιλοπούλα του κόσμου.

Molti giorni dopo, Elisa raggiunse il grande mare. Tra le onde, oscillavano undici piume di cigno.

Μετά από πολλές μέρες η Ελίζα έφτασε σε μία μεγάλη θάλασσα. Στα κύματά της έπλεαν έντεκα φτερά κύκνων.

Quando il sole tramontò, ci fu un fruscio nell'aria, e undici cigni si posarono sull'acqua. Elisa riconobbe immediatamente i propri fratelli stregati. Ma dato che parlavano la lingua dei cigni, lei non li poté capire.

Καθώς ο ήλιος έδυε ακούστηκε ένας θόρυβος στον αέρα και έντεκα άγριοι κύκνοι προσγειώθηκαν στην επιφάνεια της θάλασσας. Αμέσως αναγνώρισε η Ελίζα τους μεταμορφωμένους σε κύκνους αδελφούς της. Επειδή όμως μιλούσαν τη γλώσσα των κύκνων, δεν μπορούσε να τους καταλάβει.

Durante il giorno i cigni volavano via, e la notte si accoccolavano tutti assieme alla sorella in una grotta.

Una notte, Elisa fece uno strano sogno. Sua madre le disse come avrebbe potuto liberare i suoi fratelli. Avrebbe dovuto tessere delle camicie di ortiche per ognuno di loro e poi lanciargliele. Fino a quel momento però, non le era concesso dire una sola parola, altrimenti i suoi fratelli sarebbero morti. Elisa si mise immediatamente al lavoro. Sebbene le mani le bruciassero, continuò a tessere senza stancarsi.

Κατά τη διάρκεια της ημέρας οι κύκνοι πετούσαν μακριά, τη νύχτα, τ΄ αδέλφια έβρισκαν καταφύγιο μέσα μία σπηλιά αγκαλιάζοντας ο ένας τον άλλον.

Μια νύχτα η Ελίζα είδε ένα περίεργο όνειρο: η μητέρα της, τής είπε πώς θα μπορούσε να λυτρώσει τους αδελφούς της. Θα έπρεπε να πλέξει ένα μπλουζάκι από τσουκνίδες για κάθε κύκνο και να το ρίξει επάνω του. Ως τότε, όμως, δεν θα της επιτρεπόταν να πει ούτε καν μια λέξη, διαφορετικά οι αδελφοί της θα πέθαιναν.
Η Ελίζα ξεκίνησε αμέσως το πλέξιμο. Αν και τα χέρια της έτσουζαν σαν να ακουμπούσαν φωτιά, η Ελίζα έπλεκε κι έπλεκε ακούραστα κι ασταμάτητα.

Un giorno, si sentirono corni da caccia in lontananza. Un principe venne cavalcando con il suo seguito e presto le fu di fronte. Non appena i due si guardarono negli occhi, si innamorarono.

Μια μέρα ακούστηκαν από μακριά κυνηγετικά κέρατα. Ένας πρίγκιπας ήρθε καβάλα με την συνοδεία του και σταμάτησε μπροστά της. Όταν οι δυο τους κοιτάχτηκαν στα μάτια, ερωτεύτηκε ο ένας τον άλλον.

Il principe fece salire Elisa sul cavallo e la condusse al proprio castello.

Ο πρίγκιπας ανέβασε την Ελίζα στο άλογό του και την πήρε στο κάστρο του.

Il potente tesoriere fu tutto fuorché felice dell'arrivo della principessa muta. La propria figlia sarebbe dovuta diventare la sposa del principe.

Ο ισχυρός θησαυροφύλακας δεν χάρηκε καθόλου για τον ερχομό της όμορφης μουγγής, μια και η κόρη του προοριζόταν να παντρευτεί τον πρίγκιπα.

Elisa non si era dimenticata dei suoi fratelli. Ogni sera continuava il suo lavoro sulle camicie. Una notte uscì per andare al cimitero a cogliere delle ortiche fresche. Il tesoriere la osservò di nascosto.

Η Ελίζα δεν είχε ξεχάσει τους αδελφούς της. Κάθε βράδυ συνέχιζε να πλέκει τα μπλουζάκια. Μια νύχτα βγήκε να πάει στο νεκροταφείο για να μαζέψει φρέσκες τσουκνίδες. Ο θησαυροφύλακας την παρακολούθησε κρυφά.

Non appena il principe partì per una battuta di caccia, il tesoriere gettò Elisa nelle segrete. Affermò che fosse una strega che si incontrava con altre streghe durante la notte.

Μόλις ο πρίγκιπας έφυγε για κυνήγι, ο θησαυροφύλακας έδωσε διαταγή να κλείσουν την Ελίζα στο μπουντρούμι. Ισχυριζόταν πως ήταν μάγισσα και πως συναντιόταν με άλλες μάγισσες τη νύχτα.

All'alba, Elisa venne presa da delle guardie, per venir poi bruciata nella piazza del mercato.

Την αυγή η φρουρά ήρθε και πήρε την Ελίζα. Προοριζόταν να καεί στην πλατεία.

Non appena fu lì, arrivarono undici cigni bianchi volando. Elisa lanciò rapidamente una camicia a ciascuno di loro. Poco dopo, tutti i suoi fratelli si trovarono dinanzi a lei con sembianze umane. Solo il più piccolo, la cui camicia non era stata del tutto completata, mantenne un'ala al posto di un braccio.

Δεν είχε καν φτάσει εκεί, όταν ξαφνικά παρουσιάστηκαν πετώντας έντεκα λευκοί κύκνοι. Η Ελίζα έριξε γρήγορα στον καθένα από ένα μπλουζάκι τσουκνίδας. Σύντομα παρουσιάστηκαν όλοι οι αδελφοί της μπροστά της σε ανθρώπινη μορφή. Μόνο ο μικρότερος αδελφός του οποίου το μπλουζάκι δεν ήταν εντελώς τελειωμένο, είχε μια φτερούγα στη θέση ενός χεριού.

I fratelli si stavano ancora baciando e abbracciando quando arrivò il principe. Finalmente Elisa gli poté spiegare tutto. Il principe fece rinchiudere il tesoriere malvagio nelle segrete. Dopodiché, si celebrò il matrimonio per sette giorni.

E vissero tutti felici e contenti.

Οι αγκαλιές και τα φιλιά των αδελφών της δεν είχαν τελειώσει ακόμα όταν ο πρίγκιπας επέστρεψε. Έτσι επιτέλους μπόρεσε η Ελίζα να του εξηγήσει τα πάντα. Ο πρίγκιπας διέταξε να ρίξουν τον κακό θησαυροφύλακα στο μπουντρούμι.

Και ζήσανε αυτοί καλά κι εμείς καλύτερα!

Hans Christian Andersen

Hans Christian Andersen nacque nella città danese di Odense nel 1805 e morì nel 1875 a Copenaghen. Divenne famoso in tutto il mondo con le sue fiabe letterarie come „La Sirenetta", „I vestiti nuovi dell'imperatore" e „Il brutto anatroccolo". Il racconto in questione, „I cigni selvatici", fu pubblicato per la prima volta nel 1838. È stato tradotto in più di cento lingue e adattato a una vasta gamma di media, tra cui il teatro, il cinema e il musical.

Barbara Brinkmann è nata a Monaco di Baviera (Germania) nel 1969. Ha studiato architettura a Monaco e attualmente lavora alla facoltà di architettura dell'Università Tecnica di Monaco. Lavora anche come grafica, illustratrice e autrice.

Cornelia Haas è nata nel 1972 vicino ad Augusta (Germania). Ha studiato design all'Università di Scienze Applicate di Münster e si è laureata in design. Dal 2001 illustra libri per bambini e ragazzi e dal 2013 insegna pittura acrilica e digitale all'Università di Scienze Applicate di Münster.

Marc Robitzky, nato nel 1973, ha studiato alla Scuola Tecnica d'Arte di Amburgo e all'Accademia di Arti Visive di Francoforte. Lavora come illustratore freelance e designer della comunicazione ad Aschaffenburg (Germania).

Ulrich Renz è nato a Stoccarda nel 1960. Dopo aver studiato letteratura francese a Parigi, ha completato gli studi di medicina a Lubecca e ha lavorato come direttore in una casa editrice scientifica. Oggi Renz è un autore indipendente e scrive libri per bambini e ragazzi oltre a libri di saggistica.

Ti piace disegnare?

Qui puoi trovare tutte le immagini della storia da colorare:

www.sefa-bilingual.com/coloring